In the beginning God created the
heaven and the earth. Genesis 1:1

G000293378

In the _ _ _ _ _ _ _ _ _ God _ _ _ _ _ _ _ the
heaven and the earth. _ _ _ _ _ _ _ _ 1:1

I am the Lord your God who brought you
out of the land of Egypt. Exodus 20:1

I am the _ _ _ _ your _ _ _ who brought _ _ _
out of the land of _ _ _ _ _. _ _ _ _ _ _ 20:1

The Lord bless you and keep you. Numbers 6:24

The Lord _ _ _ _ _ _ you and _ _ _ _ _ you.

_ _ _ _ _ _ _ _ 6:24

Love the Lord with all your heart, soul and strength. Deuteronomy 6:5

_ _ _ _ the Lord with all your _ _ _ _ _ _ _ _ _

and _ _ _ _ _ _ _ _. _ _ _ _ _ _ _ _ _ _ _ 6:5

Be strong and of good courage. Joshua 1:6

Be _ _ _ _ _ _ _ and of good _ _ _ _ _ _ _ _

_ _ _ _ _ _ 1:6

They cried 'The Sword of the Lord and of Gideon'. Judges 7:20

They _ _ _ _ _ _ 'The _ _ _ _ _ of the Lord
and of _ _ _ _ _ _'.   _ _ _ _ _ _ 7:20

Ruth gleaned in the field after the reapers. Ruth 2:3

Ruth _ _ _ _ _ _ _ in the field after the

_ _ _ _ _ _ _ . _ _ _ _ 2:3

The Lord called Samuel and he answered 'Here am I'. 1 Samuel 3:4

The _ _ _ _ called _ _ _ _ _ _ and he answered
'_ _ _ _ am I'. 1 _ _ _ _ _ _ 3:4

So David became great and the Lord God was with him. 2 Samuel 5:10

So _ _ _ _ _ _ became _ _ _ _ _ _ and the _ _ _ _
God was with him. 2 _ _ _ _ _ _ 5:10

Elijah said, "... the Lord is God, follow him". 1 Kings 18:21

_ _ _ _ _ _ said, " ... the Lord is _ _ _,
follow him".   1 _ _ _ _ _ 18:21

Hezekiah spread the letter before the Lord. 2 Kings 19:14

Hezekiah spread the _ _ _ _ _ _ before

the _ _ _ _ . 2 _ _ _ _ _ 19:14

Jabez prayed "Oh that you would bless me indeed". 1 Chronicles 4:10

_ _ _ _ _ _ prayed "Oh that you would _ _ _ _ _ _
me indeed". 1 _ _ _ _ _ _ _ _ _ _ 4:10

The queen of Sheba heard of the fame of Solomon. 2 Chronicles 9:1

The _ _ _ _ _ _ of _ _ _ _ _ heard of the fame of

_ _ _ _ _ _ _ _. 2 _ _ _ _ _ _ _ _ _ _ _ 9:1

Your word is a lamp to my feet and a light to my path. Psalm 119:105

Your _ _ _ _ is a _ _ _ _ to my feet and a
_ _ _ _ _ to my path. _ _ _ _ _ _ 119:105

Jesus and the Bible

Jesus said: "It is written 'You shall not tempt the Lord your God'".
Matthew 4:7

_ _ _ _ _ said: "It is _ _ _ _ _ _ _ 'You shall

not _ _ _ _ _ the Lord your _ _ _ '".

_ _ _ _ _ _ _ 4:7

The Bible books I have done are:

Genesis ☐	Deuteronomy ☐	1 Samuel ☐	1 Chronicles ☐
Exodus ☐	Joshua ☐	2 Samuel ☐	2 Chronicles ☐
Leviticus ☐	Judges ☐	1 Kings ☐	Extras - Psalms ☐
Numbers ☐	Ruth ☐	2 Kings ☐	Matthew ☐